Eberhard P. Flamm

Kontrolle als Motivationsinstrument

Mit Sicherheit besser führen

www.tredition.de

2016
© Eberhard P. Flamm
Cover: Fabien Daetwyler

Verlag: tredition GmbH, Hamburg

ISBN
Paperback: 978-3-7323-5515-0
Hardcover: 978-3-7323-5516-7
e-Book: 978-3-7323-5517-4

Printed in Germany

Das Werk, einschließlich seiner Teile, ist urheberrechtlich geschützt. Jede Verwertung ist ohne Zustimmung des Verlages und des Autors unzulässig. Dies gilt insbesondere für die elektronische oder sonstige Vervielfältigung, Übersetzung, Verbreitung und öffentliche Zugänglichmachung.

Vorwort **11**

Kontrolle – wozu überhaupt? **14**
Wofür werde ich als Führungskraft bezahlt? 14
Führen heißt Bewirken 14
Wer das Ziel erreichen will, muss kontrollieren 15
Zwischenergebnis: Die Frage lautet nicht:
„Kontrolle ja oder nein?" sondern „Kontrolle – wie?" .. 16

Was mich vom Kontrollieren abhalten könnte: **17**
Schlechte Erfahrungen und falsche Einstellungen 17
Falsche Vorstellungen von Kontrolle 17
Angst vor Sympathieentzug 18
Angst vor Ausschluss aus dem bisherigen Team 19
Angst vor zusätzlicher Arbeit nach dem Motto 3 K 19
Zwischenergebnis:
Ein schlechtes Gefühl ist verständlich 20

Weshalb es mich vom Kontrollieren nicht abhalten sollte: **21**
Schlechte Erfahrungen und falsche Einstellungen
hinterfragen 21
Falsche Vorstellungen von Kontrolle korrigieren 22
Angst vor Sympathieentzug ist unnötig, wenn man
Kontrollen als Motivationsinstrument nutzt 23
Kontrolle führt nicht zum Ausschluss aus dem
bisherigen Team 23
Sie müssen weder „Kommandieren" noch
„Korrigieren"! 24
Zwischenergebnis: Ein schlechtes Gefühl ist bei
genauem Hinsehen nicht nötig 25

Motivation – fast schon ein Zauberwort **26**

Vorgehensweise und Ziel ... 26
Welches Verhalten meines Vorgesetzten demotiviert mich? ... 27
Welches Verhalten meines Vorgesetzten motiviert mich? ... 28
Bedürfnisse als Triebfedern der Motivation – was Maslow schon wusste ... 29
Maslows Bedürfniskategorien ... 30
Neurobiologie: Der Kern aller Motivation ... 31
Das Motivationssystem und seine Funktion ... 32
Botenstoffe als Treibstoffe des Motivationssystems ... 32

Dopamin ... 32

endogene Opioide ... 33

Oxytocin ... 33

Wann wird das Motivationssystem aktiv? ... 34
Zwischenergebnis: Stellschrauben der Motivation ... 35

Kontrolle und Motivation ... 36
Was will ich mit meiner Kontrolle bewirken? ... 36
Mögliche Ziele für eine Kontrolle ... 36
Sicherheit haben ... 36
Sicherheit geben ... 37
Interesse zeigen ... 37
Mitarbeiter und deren Kompetenz kennenlernen ... 38
Selbstvertrauen stärken ... 38
Vertrauen aufbauen und die Bindung stärken ... 38
Wertschätzung und Anerkennung zeigen ... 38
Freiraum geben ... 39
Zwischenergebnis: Kontrolle berücksichtigt die Bedürfnisse der Mitarbeiter ... 39

Der richtige Zeitpunkt 40
Beispiel 1: Sicherheit geben und Sicherheit haben zu
Beginn einer Aufgabe 40
Beispiel 2: Sicherheit haben und Sicherheit geben an
kritischen Punkten des Ablaufs 41

Exkurs: Die sieben Grundsätze des HACCP-Konzepts 42

Beispiel 3: Frühzeitig Interesse zeigen 43
Beispiel 4: Mitarbeiter und deren Stärken
kennenlernen 44
Beispiel 5: Selbstvertrauen stärken durch Kontrollen
im richtigen Augenblick 45
Kontrollen überraschend oder angekündigt? 45
Kontrollen offen oder verdeckt? 47
Zwischenergebnis:
 Der Zweck beeinflusst den Zeitpunkt 48

Kontrolliere ich alle gleich oder gibt es
Unterschiede? 49
Grundsätzliche Überlegung 49
Neue Mitarbeiter kontrollieren 49
Erfahrene Mitarbeiter kontrollieren 51
Mitarbeiter kontrollieren, die fachlich besser sind als
man selbst 52
Zwischenergebnis: Kontrollieren Sie situativ 54

Keine Kontrolle ohne Rückmeldung 55
Grundsätzliche Überlegung 55
Rückmeldung bewirkt Positives 55
Fehlende Rückmeldung demotiviert 56
Verdientes Lob beflügelt 57
Vergessenes Lob trocknet langsam das
Engagement aus 58

Zwischenergebnis:
Rückmeldung: win-win oder lose-lose? 60

Erreiche ich diese Motivation auch ohne Kontrolle? 61
Grundsätzliche Überlegung 61
Sicherheit geben und Bilder abgleichen 61
Zugehörigkeit vermitteln und Zuwendung geben 62
Anerkennung und Wertschätzung 62
Freiraum zur Selbstverwirklichung 63
Zwischenergebnis: Ohne Kontrolle wird es schwierig ... 64

7 Kardinalfehler, die Sie auf jeden Fall vermeiden sollten 65
Alles selbst „verbessern" 65
Paranoides Hinterherschnüffeln 66
Kontrolle zum Dampf ablassen 66
Ach wie gut, dass niemand weiß... 67
Im Regen stehen lassen 67
Nur die „Schlechten" kontrollieren 68
Der Chef bin ich! 69

Zusammenfassung: 71

Quellen und Literaturhinweise: 75

Nachwort 76

Über den Autor

Eberhard P. Flamm ist Trainer, Führungskräftecoach und Autor. Er studierte an der Universität Mannheim Betriebswirtschaftslehre und Pädagogik. Bevor er selbst Führungsaufgaben in verschiedenen Unternehmen übernahm, prüfte und beriet er Unternehmen als Mitarbeiter der Wirtschaftsprüfungsgesellschaft Price Waterhouse. Inzwischen hat er in hunderten von Kursen und Inhouse-Seminaren Führungskräfte trainiert. Sein Motto: Führung bewirkt immer, und mit guter Führung setzt man jene Potenziale des Teams frei, die dann am Markt den Unterschied machen.

Vorwort

Kontrolle als Motivationsinstrument – ist das nicht ein Widerspruch in sich? Wer ist schon motiviert, wenn er von seinem Chef* kontrolliert wird? Haben wir nicht alle spontan eher schlechte Gefühle, wenn wir das Wort Kontrolle nur schon hören?

Und jetzt sind wir in der Rolle der Führungsperson und tun uns unter Umständen alles andere als leicht mit dem Kontrollieren – schließlich vertrauen wir unseren Mitarbeitern* ja und empfinden die Kontrolle als etwas eher Lästiges.

Kontrolle als Motivationsinstrument – das wäre natürlich schön: ohne schlechtes Gewissen zu kontrollieren und dabei auch noch zu motivieren! Klingt für viele wie die Quadratur des Kreises. Für Sie auch? Dann geht es Ihnen wie den meisten der Seminarteilnehmer, die sich in den vergangenen Jahren in meinen Kursen mit diesem Thema beschäftigt haben:

Zu Beginn überwiegt die Skepsis und die Seminarteilnehmer reden von einem gewaltigen Gegensatz, den sie zwischen Kontrolle und Motivation empfinden. Am Ende überwiegt der Wunsch, künftig bewusst an den richtigen Stellen zu kontrollieren und die Kontrollen tatsächlich als Motivationsinstrument zu nutzen.

Vielleicht entdecken auch Sie beim Lesen dieses Buches Aspekte der Kontrolle, die Sie bisher noch gar nicht bewusst wahrgenommen haben. Vielleicht zeigt es auch Ihnen Wege auf, wie Sie in Zukunft

Kontrollen bewusst wahrnehmen und wie Sie dann damit Motivation bewirken.

Das Buch ist in erster Linie für Menschen geschrieben, die mit ihrer Führungsaufgabe täglich für den Erfolg ihres Teams Verantwortung tragen und die Unterstützung und Antworten auf ihre Fragen aus ihrem konkreten Arbeitsalltag suchen. Für diese Antworten werden Tipps und Erkenntnisse aus der Neurobiologie und der Motivationsforschung herangezogen. Der Akzent des Buches liegt auf der praktischen Umsetzbarkeit.

Was haben Sie persönlich davon, dieses Buch zu lesen? Vielleicht gewinnen Sie ein Quäntchen mehr Sicherheit bei Ihrer täglichen Führungsarbeit; vielleicht erhalten Sie die Bestätigung, dass Sie vieles, was Sie bereits tun, richtig machen; vielleicht verhalten Sie sich nach der Lektüre manchmal etwas anders als bisher; vielleicht steigt durch Ihr neues Verhalten die Motivation im gesamten Team, für das Sie Verantwortung tragen; vielleicht nimmt die Effektivität des Teams zu durch Ihre motivierenden Kontrollen und vielleicht verbessern sich dadurch die Zahlen, an welchen Sie gemessen werden. Dann könnte es durchaus sein, dass Sie als Führungskraft noch erfolgreicher sind als bisher.

Sie sehen, es lohnt sich auf jeden Fall, sich mit diesem Thema zu beschäftigen. Ich wünsche Ihnen viel Erfolg und viel Spaß dabei.

Neuenburg im März 2016

Eberhard P. Flamm

*Die Bezeichnungen Chef und Mitarbeiter werden, der guten Lesbarkeit zuliebe in ihrer männlichen Form verwendet. Gemeint sind damit immer auch die Chefinnen und die Mitarbeiterinnen.

Kontrolle – wozu überhaupt?

Wofür werde ich als Führungskraft bezahlt?

Manche Führungskräfte sind überrascht, wenn man ihnen die Frage stellt: Wofür werden Sie als Führungskraft eigentlich bezahlt? Die Antworten sind meist ähnlich:

Für das Organisieren, für das Planen, dafür, dass am Schluss die Zahlen stimmen und alle Kunden richtig bedient sind…

All das ist richtig. Wollte man alles, wofür die Führungskraft in erster Linie bezahlt wird, auf einen Nenner bringen, so könnte man sagen:

Als Führungskraft wird man dafür bezahlt, dass man bewirkt. Und bewirken soll man, dass die Ziele, die das Team erreichen soll, auch erreicht werden.

Führen heißt Bewirken

Damit kann man den Begriff „Führen" auf einen kurzen Nenner bringen: Führen heißt Bewirken. Und wenn Sie Führungskraft sind, dann bewirken Sie allein aufgrund dieser Tatsache von Arbeitsbeginn bis Arbeitsende. Sie bewirken mit allem, was Sie tun oder auch nicht tun ständig – allerdings bewirken Sie nicht immer das, was Sie eigentlich bewirken wollen. Da liegt der Hase im Pfeffer: Sie bewirken immer etwas!

Beispiel 1: Wenn Sie frühmorgens die Werkhalle betreten und Ihre Mitarbeiter freundlich grüßen, dann bewirken Sie damit etwas.

Beispiel 2: Wenn Sie frühmorgens die Werkhalle betreten, nicht nach links oder nach rechts schauen und alle Mitarbeiter einfach wie Luft behandeln und links liegen lassen, dann bewirken Sie damit auch etwas. Mit Sicherheit etwas anderes als im ersten Beispiel. Egal was Sie tun, Sie bewirken etwas.

Ideal ist es dann, wenn Sie immer das bewirken, was Sie bewirken wollen. Das ist mit Sicherheit nicht einfach, aber genau dafür werden Sie bezahlt, genau das ist Ihre Aufgabe als Führungskraft. Wenn Sie einverstanden sind, lassen wir das erst einmal so stehen und betrachten weitere Aspekte für oder gegen Kontrolle.

Wer das Ziel erreichen will, muss kontrollieren

Das wussten schon die Steuermänner auf den antiken Schiffen. Wer sein Ziel kennt und noch dazu den aktuellen Standort, der weiß, wie er sich bewegen muss, um dieses Ziel auch zu erreichen.

Anders gesagt: Wer in der Wirtschaft die Verantwortung trägt, dass er mit seinem Team ein Ziel erreicht, der muss nicht nur das Ziel, sondern auch den aktuellen Standort kennen. Nur dann kann er den richtigen Kurs festlegen und bei Bedarf gegensteuern. Kontrolle ist also eine elementare Führungsaufgabe, ebenso wie Ziele vereinbaren, Planen, Entscheiden, Realisieren und Kommunizieren.

Wer bewirken will, dass das Ziel erreicht wird, für das er die Verantwortung übernommen hat, kommt nicht umhin, die Sollwerte zu bestimmen und zu kontrollieren, wo man stehen sollte und wo man tatsächlich steht. Kontrolle ist eine ganz klare Führungsaufgabe, für die jede Führungskraft bezahlt wird.

Zwischenergebnis: Die Frage lautet nicht: „Kontrolle ja oder nein?" sondern „Kontrolle – wie?"

Halten wir fest: Als Führungskraft werde ich dafür bezahlt, dass ich bewirke, dass die mir und meinem Team gesteckten Ziele erreicht werden.

Ohne Kontrolle kann ich das nicht erreichen. Kontrolle ist eine klare Führungstätigkeit, für die ich bezahlt werde und ohne die ich meine anderen Führungsaufgaben auch nicht richtig wahrnehmen kann. Dennoch könnte es innere Widerstände geben, die mich hemmen, Kontrolle als etwas ganz Normales anzusehen.

Was mich vom Kontrollieren abhalten könnte:

Schlechte Erfahrungen und falsche Einstellungen

In unserem Erfahrungsrucksack tragen wir viele nützliche Dinge mit uns herum. Sie geben uns Orientierung und helfen dabei, dass wir uns schnell zurechtfinden und Entscheidungen fällen können.

Manche der Gepäckstücke des Erfahrungsrucksacks können uns aber auch fehlleiten und dafür sorgen, dass wir Dinge nicht tun, die wir eigentlich tun sollten oder dass wir uns einfach in neuen Situationen nicht angemessen verhalten. Diese Gepäckstücke sind so etwas wie eine Hypothek. Wenn wir selbst bei oder nach Kontrollen schlechte Erfahrungen gemacht haben, dann können zum Beispiel die negativen Gefühle, die wir mit dem Wort Kontrolle verbinden, ein Grund sein, weshalb wir nicht gern kontrollieren.

Manchmal sind es auch Sprichwörter, Zitate oder Lebensweisheiten, die wir im Rucksack mit uns tragen, wie zum Beispiel Lenins Spruch.

Falsche Vorstellungen von Kontrolle

„Vertrauen ist gut, Kontrolle ist besser." Kennen Sie diesen Spruch, von dem man behauptet, er komme von Lenin? Die meisten Menschen kennen ihn. Und bei den meisten Menschen löst er eine gedankliche Unlogik aus. Er suggeriert nämlich, dass Kontrolle das Gegenteil von Vertrauen sei. Und da Vertrauen in einen Menschen etwas Gutes, Positives ist, ist logischerweise Kontrolle etwas Negatives. Und wer möchte schon jemand sein, der Negatives verkörpert? Wer ist schon gerne der Buhmann, der kontrolliert, wo man doch Vertrauen schenken sollte?

Diese Einstellung macht es nicht leicht, seine Kontrollaufgaben als Führungskraft wahrzunehmen, vor allem, wenn man selbst das Gefühl hat, dass man sich mit jeder Kontrolle als misstrauischer Miesepeter und Spielverderber zu erkennen gibt. Wer möchte von seinen Mitarbeitern so wahrgenommen werden?

Konsequenz: Dann kontrollieren wir lieber nicht - und wenn doch, dann versteckt, damit es keiner mitbekommt.

Angst vor Sympathieentzug

Auch als Vorgesetzter hat man das Bedürfnis nach Zugehörigkeit. Man möchte eigentlich gerne gemocht und geschätzt werden. Wenn man jetzt jemanden kontrolliert, besteht durchaus die Gefahr, dass man sich bei dieser Person unbeliebt macht und die Sympathien verscherzt. Wer will das schon? Da ist es doch einfacher, sich gar nicht erst in diese Gefahr zu begeben.

Also Nicht-Kontrollieren macht beliebt, Kontrollieren macht unbeliebt. Da spielen wir doch lieber den coolen Chef, der allen blind vertraut und der überhaupt nicht an Kontrolle denkt… Wer diese Einstellung hat, tut sich natürlich besonders schwer damit, das Motivationspotenzial der Kontrollen zu erkennen und zu nutzen.

Angst vor Ausschluss aus dem bisherigen Team

Menschen, welche gestern noch ganz normales Teammitglied waren und heute zur Führungskraft aufgestiegen sind, tun sich oft besonders schwer mit dem Thema Kontrolle. Bis gestern war man Kollege und heute hat man als Chef zwar mehr Verantwortung, möchte aber immer noch gerne als die Person von gestern betrachtet werden. Man ist doch kein anderer Mensch geworden. Und jetzt soll man auf einmal seine eigenen Kollegen kontrollieren? Das geht doch nicht! Zumal wenn man früher auch über den Chef gelästert hat, wenn er mal wieder gekommen ist und Dinge kontrolliert hat, von denen er vermeintlich sowieso keine Ahnung hatte.

Unmöglich, dass man das, was man gestern gemeinsam mit den Kollegen selbst belächelt hat, heute in der neuen Rolle persönlich durchführt. Da kann man die ganze Teamzugehörigkeit vergessen. Vorbei - die ganze Kollegialität der vergangenen Jahre ist auf einen Schlag verloren…

Angst vor zusätzlicher Arbeit nach dem Motto 3 K

Vielleicht kennen Sie die drei K noch aus Ihrer Militärzeit? Kommandieren, Kontrollieren, Korrigieren – so geht Führung, basta!

Kommandieren ist schön für den, der die richtige Einstellung hat und gerne Macht demonstriert. Kontrollieren erfordert Zeitaufwand und einigermaßen

Sachverstand, will man sich als Vorgesetzter keine Blöße geben. Korrigieren macht auf jeden Fall Arbeit.

Logische Konsequenz: nicht kontrollieren, sich keine Blöße geben und keine zusätzliche Arbeit aufhalsen, denn wer nicht kontrolliert muss ja dann auch nicht korrigieren. Klingt logisch, aber wo bleibt dann die Führung durch den Vorgesetzten?

Zwischenergebnis: Ein schlechtes Gefühl ist verständlich.

Es gibt einige Ursachen, die das Wort „Kontrolle" und das Kontrollieren in einem negativen Licht erscheinen lassen. Manche Menschen haben selbst schlechte Erfahrungen gemacht, als sie kontrolliert wurden, und möchten das niemandem antun. Manche haben schlicht falsche Vorstellungen und manche haben Angst vor Sympathieentzug und vor dem Ausschluss aus dem bisherigen Team.

Es lässt sich nicht leugnen, dass es bei manchen Menschen negative Gefühle und Einstellungen gibt; wichtig ist, dass man diese Gefühle und die Einstellungen reflektiert und darüber nachdenkt, ob sie sinnvoll sind.

Weshalb es mich vom Kontrollieren nicht abhalten sollte:

Schlechte Erfahrungen und falsche Einstellungen hinterfragen

Viele unserer Verhaltensweisen hatten irgendwann einmal ihre Berechtigung. Dann haben sich die Gegebenheiten geändert und man hat die Verhaltensweise nicht angepasst, was dazu führt, dass sie nicht mehr zweckmäßig ist.

Ein großer, sportlich durchtrainierter Kursteilnehmer erzählte mir, dass er noch heute insgeheim einen Heidenrespekt habe wenn von Viertklässlern die Rede sei. Auf dem Heimweg vom Kindergarten wurde er als Fünfjähriger vor vielen Jahren von einem Viertklässler verprügelt. Das ungute Gefühl, welches mit den viel größeren und stärkeren Viertklässlern verbunden war, war damals sicher berechtigt; und obwohl er inzwischen viel älter und bei Weitem stärker sei, habe er ungute Gefühle, wenn er den Begriff Viertklässler höre.

Ist es mit dem Begriff „Kontrolle" nicht oft ähnlich? Einer meiner Ausbilder stand während meiner Ausbildungszeit häufig hinter mir und schaute mir bei der Arbeit über die Schulter. Dabei kommentierte und kritisierte er alles, was er sah und erklärte mir, was ich jetzt gerade alles falsch gemacht habe. Ich empfand das als eine furchtbare Art der Kontrolle. Lange Zeit löste das Wort Kontrolle bei mir schlechte Gefühle aus, bis ich erkannte, dass das, was dieser Ausbilder damals tat, überhaupt nichts mit dem zu tun hatte, was man unter Kontrolle als Führungstätigkeit versteht. Es war einfach nur eine nervende Angewohnheit dieser Person.

Erst als mir das klar wurde, konnte ich mit Kontrolle und der Führungstätigkeit Kontrollieren unbefangen umgehen.

Falsche Vorstellungen von Kontrolle korrigieren

Was ist das Gegenteil von Vertrauen? Richtig: Misstrauen. Misstrauen und nicht Kontrolle. Das geflügelte Wort „Vertrauen ist gut, Kontrolle ist besser." konstruiert aber in unseren Gedanken, dass Kontrolle das Gegenteil von Vertrauen sei und dass man, wenn man jemanden kontrolliere, ihm damit quasi das Vertrauen entzöge.

Absoluter Blödsinn. Deshalb schlage ich vor, den Lenin zugeschriebenen Satz sofort umzudichten in: „Vertrauen ist gut, Kontrolle ist normal." Wenn Sie als Vorgesetzter Ihren Mitarbeitern klar machen, dass Kontrolle überhaupt nichts mit Nicht-Vertrauen und Misstrauen zu tun hat, sondern dass es eine Ihrer wichtigsten Führungsfunktionen ist, zu kontrollieren, damit Sie auch steuern können, dann sind Sie freier.

Sie müssen sich für das, wofür Sie bezahlt werden, weder rechtfertigen noch schämen. Nach meiner Erfahrung hilft es, wenn Sie den Mitarbeitern klar kommunizieren, dass Lenins Satz aus der Sicht einer Führungskraft reiner Unfug ist. Ohnehin werden Ihre Mitarbeiter schnell erkennen, wie Sie die Kontrollen als Motivationsinstrument nutzen und sich dann sogar freuen, wenn sie kontrolliert werden. Versprochen!

Angst vor Sympathieentzug ist unnötig, wenn man Kontrollen als Motivationsinstrument nutzt

Sie müssen kontrollieren, das haben wir bereits klar herausgearbeitet. Wenn Sie mit der Kontrolle etwas Positives bewirken, dann steigt Ihr Ansehen und Sie sind als Vorgesetzter geschätzt und geachtet. Sie brauchen keine Angst vor Sympathieentzug zu haben, denn durch richtig durchgeführte Kontrollen gewinnen Sie in aller Regel Sympathie und verlieren sie nicht.

Wenn Sie das Buch zu Ende gelesen haben, dürfen Sie das gerne noch einmal überprüfen. Ich bin sehr zuversichtlich, dass Sie dann mit mir einer Meinung sind.

Kontrolle führt nicht zum Ausschluss aus dem bisherigen Team

Wenn Sie auf einmal im eigenen Team zum Chef befördert werden, ihre ehemaligen Kollegen nun ihre Mitarbeiter sind und Sie aus deren Sicht der neue Chef, dann sind Sie kein normales Teammitglied mehr. Sie sind ein besonderes Teammitglied – so, wie es ihr Chef auch war, als Sie noch „ganz normaler Mitarbeiter" waren. Sie haben jetzt mehr Macht, mehr Verantwortung und müssen ihre ehemaligen Kollegen führen. Sie werden die Beurteilungen schreiben und Sie müssen im Zweifelsfall entscheiden, ob der Urlaub genehmigt wird oder nicht.

Es wäre mehr als blauäugig, wenn Sie sich vormachen wollten, Sie seien noch der gleiche Mitarbeiter wie gestern. Sie sind sicher noch der gleiche Mensch, aber Sie haben andere Aufgaben, andere Verantwortung und andere Macht. Damit hat sich Ihre Stellung im Team verändert. Das ist so, ob Sie kontrollieren oder nicht. Und da Kontrolle jetzt zu Ihren Aufgaben gehört, müssen Sie kontrollieren. Wenn Sie es richtig machen, wird es motivierend sein und bestimmt kein Grund, dass Ihre ehemaligen Kollegen negativ über Sie reden werden.

Sie müssen weder „Kommandieren" noch „Korrigieren"!

Mag sein, dass „Kommandieren, Kontrollieren und Korrigieren" zu irgendeiner Zeit funktioniert hat. Mag auch sein, dass es in manchen Unternehmen heute noch so funktioniert. Ich persönlich möchte als Mitarbeiter von meinem Chef nicht kommandiert werden. Zu Kaisers Zeiten diente man gerne und untertänig, da war es normal, dass man kommandiert wurde. Inzwischen hat sich die Welt gedreht und die Menschen haben sich weiterentwickelt.

Statt zu kommandieren holt man seine Mitarbeiter ins Boot, indem man Ziele vereinbart und Aufträge vergibt. Was von den drei K geblieben ist, ist das Kontrollieren - aber richtig, dann ist es motivierend.

Das dritte K, das Korrigieren, klingt so, als ob ich als Chef etwas besser wüsste als mein Mitarbeiter und dass ich seine Arbeit folglich immer korrigieren müsste. Das ist ein Fehlschluss! Nichts ist frustrierender für die Mitarbeiter, als ein Chef, für den jede

Aufgabe erst dann fertig ist, wenn er sie selbst korrigiert (und meist verschlimmbessert) hat. Qualifizierte Mitarbeiter wissen, was sie tun und brauchen keinen Besserwisser, der immer alles ändert.

Ersetzen Sie deshalb das dritte K durch „Rückmeldung geben". Statt der drei K haben Sie dann ein Z ein K und ein R, denn Sie vereinbaren Ziele, nehmen Ihre Kontrollaufgaben wahr und geben Rückmeldung.

Zwischenergebnis: Ein schlechtes Gefühl ist bei genauem Hinsehen nicht nötig

Kontrolle hat nichts mit Misstrauen zu tun. Das ist eine falsche Vorstellung. Und auch sonst ist all das Negative, was die Tätigkeit des Kontrollierens in einem schlechten Licht erscheinen lässt, bei einer richtig durchgeführten Kontrolle nicht zwingend.

Kontrollen müssen weder zu Sympathieentzug noch zum Ausschluss aus einem bisherigen Team führen; auch führen Kontrollen nicht zwangsläufig zu Mehrarbeit für die Führungskraft, denn es ist nicht erforderlich, dass man alles, was man kontrolliert, auch korrigiert.

Motivation – fast schon ein Zauberwort

Vorgehensweise und Ziel

Fast hat Motivation etwas Mystisches, etwas Zauberhaftes. Jemand motiviert mich und dann läuft alles besser. Aber wenn ich nun selbst die Person bin, welche andere motivieren soll, dann stellt sich schnell die Frage: Was kann ich tun und was soll ich lassen? Wo sind meine Einflussmöglichkeiten und wo die Grenzen? Muss Motivation nicht immer von innen kommen?

Sie haben ja auch einen Vorgesetzten – welches Verhalten von ihm motiviert Sie? Welches Verhalten demotiviert Sie? Betrachten wir doch einfach zunächst unsere persönlichen Erfahrungen. Danach vergleichen wir sie mit einer Theorie zum Thema Motivation und versuchen in einem nächsten Schritt, unser Ziel anzuvisieren und Ansatzpunkte zu finden, die uns helfen, Kontrolle als Motivationsinstrument zu nutzen.

Welches Verhalten meines Vorgesetzten demotiviert mich?

Wie es bei Ihnen konkret aussieht, kann ich nicht wissen. Sehr viele meiner Kursteilnehmer sind demotiviert, wenn ihr Vorgesetzter:

- verdientes Lob vorenthält
- nur Kritik übt
- schlechte Arbeitsbedingungen zulässt
- unmotivierte Mitarbeiter hat und duldet
- sie in der Luft hängen lässt
- zu hohe Arbeitsdichte fordert
- selbst schlechte Laune hat
- Mobbing im Team nicht verhindert
- keine klaren Aufgaben erteilt
- sinnlose Arbeiten verteilt
- die Mitarbeiter überfordert
- oder unterfordert
- ungerechte Bezahlung zulässt
- Willkür betreibt
- sich mit fremden Federn schmückt
- zu geringen Handlungsspielraum lässt
- keine Unterstützung gibt
- schlechte Umgangsformen pflegt
- autoritäres Verhalten an den Tag legt
- alles einfach laufen lässt, ohne sich um etwas zu kümmern

Welches Verhalten meines Vorgesetzten motiviert mich?

Viele meiner Kursteilnehmer beantworteten diese Frage so:

- wenn er auf guten Teamgeist achtet
- wenn er verdientes Lob gibt
- wenn er erreichbare Ziele vorgibt
- wenn er meine Leistung würdigt
- wenn ich zu Fortbildungen darf
- wenn er mir Raum zum Gestalten lässt
- wenn er für eine gute Ausstattung des Arbeitsplatzes sorgt
- wenn er mich einbezieht und ich meine Meinung einbringen kann
- wenn er mir Rückmeldung gibt
- wenn er mir den Rücken stärkt
- wenn er mir positive Resonanz gibt
- wenn er mich ernst nimmt
- wenn er mich fordert und fördert
- wenn er mir Raum lässt zum Umsetzen eigener Ideen
- wenn er mir zuhört
- wenn er mir möglichst viel Freiraum lässt
- wenn er mich fragt, wenn in meinem Verantwortungsbereich etwas geändert werden soll
- wenn er mir qualifizierte Rückmeldung gibt
- wenn er mir Sicherheit vermittelt
- wenn er gute Arbeit anerkennt
- wenn er mir mit konstruktiver Kritik zeigt, wie und wo ich besser werden kann

- wenn er mir den Sinn meiner Tätigkeit erläutert und Zusammenhänge aufzeigt
- wenn er mir persönliche Entwicklungsmöglichkeiten aufzeigt
- wenn er sich für eine angemessene Vergütung einsetzt
- wenn er mir Verantwortung überträgt
- wenn er mich fordert aber nicht überfordert

Bedürfnisse als Triebfedern der Motivation – was Maslow schon wusste

Wenn ich mir Motivation bildlich vorstelle, dann sehe ich eine riesige Triebfeder, die mich antreibt, etwas zu tun. Ihre Kraft erhält diese Triebfeder von den Bedürfnissen. Sinkt zum Beispiel bei einem Raucher der Nikotinspiegel unter ein bestimmtes Niveau, dann signalisiert der Körper ein Bedürfnis nach Nikotin, was den Raucher dazu motiviert, eine Pause zu machen und sich eine Zigarette zu gönnen. Bei Menschen, die gerne Kaffee trinken, löst das Bedürfnis nach Kaffee ähnliche Verhaltensweisen aus.

Mit den Bedürfnissen und der Motivation hat sich bereits Abraham Maslow (*1908 +1970) beschäftigt. Er hat die Bedürfnisse in Kategorien eingeteilt, woraus die bekannte Bedürfnispyramide entstanden ist.

Maslows Bedürfniskategorien

Maslow nennt folgende Bedürfniskategorien:

Existenzbedürfnisse: Hierzu gehören zum Beispiel Essen, Trinken, Schlaf

Sicherheitsbedürfnisse: Hierzu gehört zum Beispiel das Schloss an der Haustür ebenso wie der Wunsch nach Stabilität oder der Wunsch, Zusammenhänge zu verstehen.

Soziale Bedürfnisse: Dabei geht es vor allem um Zugehörigkeit und Liebe

Anerkennung und Wertschätzung: Das bedeutet Ansehen, Image, Bedeutung, respektvolles Behandeln

Selbstverwirklichung: Nach Maslow geht es dabei darum, das eigene Potenzial auszuschöpfen und das zu werden, was man aufgrund der persönlichen Anlagen werden kann.

Für unsere Betrachtung ist es nicht von Bedeutung, ob diese Bedürfniskategorien, welche Motivation bewirken, hierarchisch zu gliedern sind. Es ist auch nicht entscheidend, ob eine der Kategorien zunächst teilweise befriedigt sein muss, bevor die nächste Kategorie überhaupt relevant wird. Es ist sogar durchaus wahrscheinlich, dass Bedürfnisse aus den einzelnen Kategorien nebeneinander existieren und damit zur Handlung motivieren. Entscheidend ist aus meiner Sicht, dass man die Bedürfniskategorien kennt und dass man sich vorstellen kann, dass Mitarbeiter diese Bedürfnisse haben und auch bei der Arbeit von ihnen angetrieben werden.

Vergleichen wir die dargestellten Aussagen der zahlreichen Kursteilnehmer über das motivierende und das demotivierende Vorgesetztenverhalten mit Maslows Kategorien, lässt sich leicht vermuten, dass alle der genannten Bedürfnisse in Maslows Kategorien eingeordnet werden können. Wollen Sie es einmal versuchen? Wie sieht es mit Ihren eigenen Erfahrungen aus?

Neurobiologie: Der Kern aller Motivation

Die Hirnforschung ist inzwischen weit fortgeschritten. Sie ermöglicht es heute, Verhaltensweisen aus neurobiologischer Sicht zu erklären, und bestätigt vieles, was schon früher vermutet wurde. Einer der renommierten Forscher auf diesem Gebiet ist Joachim Bauer, Medizinprofessor und Psychotherapeut in Freiburg.

In seinem Buch „Prinzip Menschlichkeit" geht Joachim Bauer der Frage nach, wie sich der Mensch und seine inneren Antriebe aus moderner neurobiologischer Sicht beschreiben lassen[1].

Bauer kommt zu dem Ergebnis, dass es Kern aller Motivation ist, zwischenmenschliche Anerkennung, Wertschätzung, Zuwendung und Zuneigung zu finden und zu geben.[2] „ Nichts aktiviert die Motivationssysteme so sehr wie der Wunsch, von anderen gesehen zu werden, die Aussicht auf soziale Anerkennung, das Erleben positiver Zuwendung"[3]

Das Motivationssystem und seine Funktion

Der Kern des Motivationssystems befindet sich sehr zentral im Mittelhirn. Er ist über Nervenbahnen mit vielen anderen Hirnregionen verbunden, von denen er Informationen erhält oder an die er Impulse abgibt. Besonders eng sind die Verbindungen mit den Emotionszentren. Informationen, die von dort eintreffen, melden dem Motivationssystem, ob die Umwelt Ziele in Aussicht stellt, für die es sich einzusetzen lohnt."[4]

Botenstoffe als Treibstoffe des Motivationssystems

Angetrieben wird das Motivationssystem von den Botenstoffen (Neurotransmittern) Dopamin, endogenen Opioiden und Oxytocin.

Dopamin

Dopamin erzeugt den Antrieb und die Energie dafür, dass sich Lebewesen auf ein Ziel zubewegen.[5] Es macht Bewegung möglich und fungiert als psychische Antriebs- und Motivationsdroge.

Wird körpereigenes Dopamin ausgeschüttet, löst es im Gehirn und im Körper ähnliche Effekte aus wie eine Dopingdroge. Es erzeugt ein Gefühl des Wohlbefindens und versetzt den Organismus psychisch und physisch in einen Zustand von Konzentration und Handlungsbereitschaft. Zugleich macht es die Muskeln beweglicher.

endogene Opioide

Sobald es zur Ausschüttung von Dopamin kommt, werden zusätzlich weitere Botenstoffe freigesetzt. Man bezeichnet sie als endogene Opioide. Sie wirken ähnlich wie Opium oder Heroin, sind aber so fein dosiert, dass sie nicht einschläfern oder betäuben.

Die endogenen Opioide beeinflussen das Emotionszentrum des Gehirns, sie stärken das Ich-Gefühl, verbessern die emotionale Gestimmtheit und die Lebensfreude, vermindern die Schmerzempfindlichkeit und stärken das Immunsystem.

Oxytocin

Wie sehr man jemandem vertraut, wie verbunden man sich fühlt, hängt ab von der Ausschüttung des Botenstoffes Oxytocin. Es wird vom Körper hergestellt, wenn es zu einer Begegnung kommt, welche Vertrauen stiftet oder die eine feste Bindung einleitet. [6]

Personen, die durch ihre Zuwendung, durch ihre Anerkennung unsere Oxytocin-Produktion stimuliert haben, werden zusammen mit der Erinnerung an die mit ihnen erlebten guten Gefühle in den Emotionszentren unseres Gehirns abgespeichert. [7]

Das Vertrauen in diese Personen wächst, die Bindung wird fester. Oxytocin stabilisiert Bindungen rückwirkend, welche zu seiner Ausschüttung geführt haben. Wenn ich also zum Beispiel im Nachhinein feststelle, dass mir jemand vertraut hat, dann erhöht es auch meine Bereitschaft, ihm Vertrauen zu schenken. [8]

Wann wird das Motivationssystem aktiv?

Damit die Motivationssysteme ihre Botenstoffe freigeben, sind Ziele nötig, für die es sich aus Sicht des Gehirns lohnt, sich einzusetzen. Die Motivation soll dem Organismus befähigen, durch eigenes Verhalten möglichst günstige Bedingungen zum Erreichen der lohnenden Ziele zu schaffen. [9]

Die Motivationssysteme zielen auf Zuwendung und die gelingende Beziehung zu anderen.[10] „Das Bemühen des Menschen, als Person gesehen zu werden, steht noch über dem, was landläufig als Selbsterhaltungstrieb bezeichnet wird." [11]

Bei Kindern ist die Abhängigkeit der Motivation von Bezugspersonen noch leichter zu erkennen, weil es noch unverstellter ist. „Das Bemühen von Kindern und der Erfolg ihres Tuns werden entscheidend dadurch angestoßen und befördert, dass eine erwachsene Person schlicht und einfach anwesend ist und sich - ohne dabei weiter aktiv zu werden – für ihr Tun interessiert." [12]

„Worauf die Motivationssysteme zielen, ist also Zuwendung und die gelingende Beziehung zu anderen." [13] Besteht keine Chance auf soziale Zuwendung, schalten die Motivationssysteme ab. Ist Anerkennung möglich, springen sie an. [14]

Zwischenergebnis: Stellschrauben der Motivation

Was beeinflusst unsere Motivation? Menschen haben, wenn man Maslows Bedürfniskategorien vor Augen hat, Bedürfnisse nach Sicherheit, nach Zugehörigkeit, Anerkennung und Wertschätzung, sowie nach Freiräumen, welche eine, wenn auch im Einzelfall unter Umständen bescheidene, Möglichkeit der Selbstverwirklichung bieten.

Das deckt sich in hohem Maße mit den Erkenntnissen, die Bauer aus der neurobiologischen Forschung ableitet, wenn er behauptet, dass es Kern aller Motivation sei, zwischenmenschliche Anerkennung, Wertschätzung, Zuwendung und Zuneigung zu finden und zu geben. Und zufällig deckt es sich auch mit unseren eigenen Erkenntnissen und Gefühlen.

Damit kennen wir sowohl die Stellschrauben als auch die Stolperfallen der Motivation. Jetzt geht es darum, diesen Bedürfnissen bei und durch Kontrollen Rechnung zu tragen.

Kontrolle und Motivation

Was will ich mit meiner Kontrolle bewirken?

Wenn ich als Führungskraft für das Bewirken bezahlt werde, ist es sinnvoll, dass ich professionell vorgehe. Das bedeutet beim Kontrollieren, dass ich mir zunächst überlege, was ich mit meiner Kontrolle bewirken möchte. Wozu kontrolliere ich eigentlich?

Wenn ich mir darüber im Klaren bin, dann kann ich weiter überlegen, wann und wie ich das, was ich bewirken will, am besten bewirke. Sollten Sie mit mir einer Meinung sein, dass motivierte Mitarbeiter mehr arbeiten und bessere Leistungen erbringen, als demotivierte, dann versteht sich von selbst, dass Kontrollen grundsätzlich zur Motivation beitragen sollten.

Entsteht Demotivation, dann baue ich als Vorgesetzter mir selbst Hürden auf dem Weg zum Teamziel auf.

Mögliche Ziele für eine Kontrolle

Mit Kontrollen lassen sich unterschiedliche Ziele verfolgen. Beispiele:

Sicherheit haben

Als Vorgesetzter möchte ich natürlich gerne wissen, ob wir auf Kurs sind und ob alles nach Plan läuft. Das bedeutet, ich möchte nach einer Kontrolle Sicherheit haben, wo wir stehen und gegebenenfalls eingreifen können, falls das erforderlich sein sollte.

Sicherheit geben

Mitarbeiter, die eine Aufgabe zum ersten Mal durchführen, fühlen sich dabei oft nicht sicher. Selbst erfahrene Mitarbeiter sind manchmal nicht ganz sicher, ob sie einen Auftrag richtig verstanden haben.

Beide wären froh, wenn ihnen jemand die Sicherheit geben könnte, dass sie auf dem richtigen Weg sind. Ein weiteres wichtiges Ziel einer Kontrolle kann folglich sein, Sicherheit zu geben. Denn wer sicher ist, dass er den Auftrag richtig verstanden hat und das Richtige tut, der kann viel schneller arbeiten als jemand, der sich nicht ganz sicher ist, ob er das Richtige auf die gewünschte Art und Weise bearbeitet.

Interesse zeigen

Haben Sie schon einmal erlebt, dass Sie sich sehr stark für einen Auftrag eingesetzt haben, dass Sie alle Hebel in Bewegung gesetzt und sich richtig in die Arbeit hineingekniet haben, weil Sie es besonders gut machen wollten – und niemand hat sich für Ihre Arbeit und Ihren Einsatz interessiert? Hat Sie das motiviert? Oder haben Sie sich gedacht: Na ja, wenn der Chef sich nicht einmal die Zeit nimmt, um kurz vorbeizuschauen, was ich hier alles in Bewegung setze, dann kann die Aufgabe auch nicht so wichtig sein...?

Als Vorgesetzter können Sie die Bedeutung einer Aufgabe auch unterstreichen, indem Sie zeigen, dass Sie daran interessiert sind. In manchen Fällen kann es zusätzlich motivieren, wenn Sie Ihre Unterstützung anbieten, falls es Probleme geben sollte.

Mitarbeiter und deren Kompetenz kennenlernen

Als Führungskraft sollte man die Stärken, Vorlieben und die weniger starken Seiten seiner Mitarbeiter kennen. Kontrollen am Ort des Geschehens geben Aufschluss über die Arbeitsweise der Mitarbeiter. Nur wer seine Leute gut kennt, kann sie richtig einsetzen und gezielt fördern.

Selbstvertrauen stärken

Es gibt Mitarbeiter, deren Selbstvertrauen viel geringer ist als ihre Kompetenz. Sie könnten viel mehr, als sie sich selbst zutrauen. In solchen Fällen können Sie Kontrollen einsetzen, um das Selbstvertrauen dieser Mitarbeiter zu stärken, damit Sie ihnen in Zukunft anspruchsvollere Aufgaben anvertrauen können.

Vertrauen aufbauen und die Bindung stärken

Wenn ich als Chef meine Mitarbeiter professionell kontrolliere, dann nehme ich mir Zeit für sie und wende mich ihnen und ihrer Aufgabe zu. Ich zeige ihnen, dass sie zum Team dazugehören und dass sie mir wichtig sind. Das hilft, Vertrauen aufzubauen und Bindung zu schaffen oder zu vertiefen.

Wertschätzung und Anerkennung zeigen

Wenn der Chef persönlich bei mir vorbeikommt und sich die Zeit nimmt, mit mir über meine Arbeit, den Stand der Dinge und die besonderen Herausforderungen bei meiner Aufgabe zu sprechen, dann empfinde ich das als ein Zeichen der Wertschätzung. Er kennt mich und ich bin es ihm wert, dass er sich meine Aufgabe ansieht. Wenn er dann noch sagt, dass er froh sei, dass ich diese Aufgabe für ihn ausführe, dann empfinde ich Anerkennung für meine Arbeit. Und wenn ich etwas besonders gut gemacht oder eine gute Idee eingebracht habe und er lobt mich, dann ist das natürlich eine ganz besondere Freude für mich...

- So könnte ein Mitarbeiter von Ihnen denken, wenn Sie „bei ihm vorbeigeschaut" haben im Rahmen einer Kontrolle.

Freiraum geben

Wenn Sie Ihre Mitarbeiter und deren Kompetenzen gut kennen, dann wissen Sie auch, wem sie wie viel Freiraum geben können, damit er sich mit seiner Arbeit verwirklichen kann.

Durch die Kontrollen erfahren Sie natürlich auch viel über die Einstellung und das derzeitige Befinden ihrer Mitarbeiter. Auch normalerweise motivierte Mitarbeiter haben vielleicht ihren Kopf in bestimmten Situationen nicht zu hundert Prozent bei der Arbeit. Gespräche anlässlich einer Kontrolle helfen Ihnen, die Mitarbeiter situationsgerecht zu führen und die Freiräume, welche Sie den Mitarbeitern einräumen, richtig zu dosieren.

Zwischenergebnis: Kontrolle berücksichtigt die Bedürfnisse der Mitarbeiter

Kontrollen eignen sich sehr gut, um den Bedürfnissen der Mitarbeiter nach Sicherheit, Zugehörigkeit, Wertschätzung und Selbstverwirklichung gerecht zu werden. Beim Kontrollieren kann man Zuwendung zeigen und soziale Anerkennung vermitteln. Nach einer Kontrolle kann man dem Mitarbeiter eventuell weiterführende Aufgaben übertragen, die ihm zusätzliche Freiräume eröffnen.

Der richtige Zeitpunkt

Wann ist der richtige Zeitpunkt für eine Kontrolle? Das kommt darauf an, was Sie mit der Kontrolle erreichen wollen.

Nehmen wir an, Sie möchten sicher sein, dass der Mitarbeiter Sie richtig verstanden hat und das Richtige tut. Wann würden Sie kontrollieren? Am besten am Anfang, denn dann hätten Sie die Sicherheit, dass der Mitarbeiter Sie richtig verstanden hat und der Mitarbeiter wäre auch sicher, dass er jetzt das Richtige tut. Damit könnte er frisch, frei und motiviert loslegen. Ansonsten könnte Folgendes passieren:

Beispiel 1: Sicherheit geben und Sicherheit haben zu Beginn einer Aufgabe

Der Mitarbeiter könnte zum Beispiel das falsche Material auswählen und dann fleißig damit beginnen, Teile zuzuschneiden. Wenn Sie erst am Abend kontrollierten, dann wäre die gesamte Arbeit unnütz gewesen, viel Material wäre vernichtet und der eigentliche Auftrag wäre noch kein Stück weitergekommen.

Mit einer Kontrolle gleich zu Beginn der Tätigkeit geben Sie dem Mitarbeiter die Sicherheit, dass er den Auftrag richtig verstanden hat und genau das Richtige tut. Sie selbst hätten die Sicherheit, dass die Arbeit auf gutem Wege ist. Übrigens: Mitarbeiter, die sicher sind, das Richtige zu tun, arbeiten in der Regel schneller als unsichere Mitarbeiter.

Beispiel 2: Sicherheit haben und Sicherheit geben an kritischen Punkten des Ablaufs

Sicherheit benötigt der Mitarbeiter vor allem an kritischen Stellen im Prozessablauf. In der Lebensmittelbranche gibt es ein Selbstkontrollkonzept, welches die Sicherheit der Lebensmittel garantieren soll. Es nennt sich HACCP-Konzept, ausgesprochen Hazard Analysis at Critical Control Points oder auf Deutsch: Gefahrenanalyse an kritischen Kontrollpunkten bzw. Lenkungspunkten.

Die Vorgehensweise dieses Konzeptes eignet sich aus meiner Sicht auch für das Ermitteln des richtigen Zeitpunktes für Kontrollen. Kurz zusammengefasst geht man so vor: Man analysiert den Prozessablauf zunächst nach den Gefahrenpunkten und überlegt dann, was man tun kann, um diese Gefahrenpunkte zu umschiffen.

Für den richtigen Zeitpunkt für Kontrollen könnte es daher sinnvoll sein, zu überlegen, wo im Prozessablauf Gefahrenpunkte sind, also wo etwas schiefgehen könnte.

Die nächste Überlegung wäre, wo Sie durch eine Kontrolle dazu beitragen können, dass genau das, was eigentlich schiefgehen könnte, nicht schiefgeht. Sie kontrollieren also an den kritischen Stellen im Prozessablauf und maximieren damit die Sicherheit für sich und den jeweiligen Mitarbeiter. Könnte das ein motivierender Ansatz für Sie und Ihre Mitarbeiter sein?

Exkurs: Die sieben Grundsätze des HACCP-Konzepts

1. **Ermittlung und Analyse möglicher Gefahren**

   z. B. Pläne erstellen zum Identifizieren der Gefahren und von entsprechenden Gegenmaßnahmen

2. **Erkennung kritischer Lenkungspunkte (CCPs)**

   z. B. Herausfinden, an welchen Stellen des Prozesses man durch Kontrollen Gefährdungen ausschalten oder auf ein erträgliches Maß zu reduzieren kann

3. **Bestimmung von Grenzwerten**

   z. B. Festlegen von Maximal- oder Minimalwerten, die ein Eingreifen in diesem Prozessschritt erforderlich machen

4. **Einrichtung von Überwachungsmaßnahmen**

   z. B. Pläne erstellen für die Art und Frequenz der Überwachungen

5. **Festlegung von Korrekturmaßnahmen**

   z. B. Definition der notwendigen Schritte im Fall von Über- oder Unterschreitungen der Grenzwerte

6. **Überprüfung und Kontrolle der Maßnahmen (= Verifizierungsmaßnahmen)**
   z. B. Überwachen des Verfahrens, um seine Sicherheit zu gewährleisten und es ständig zu verbessern
7. **Dokumentation durchgeführter Maßnahmen**
   z. B. Relevante Daten und Vorgehensweisen schriftlich festhalten und archivieren[15]

Beispiel 3: Frühzeitig Interesse zeigen

Gerade wenn einer Ihrer Mitarbeiter mal wieder einen Sonderauftrag, welcher auch Sondereinsatzzeiten erfordert, übernommen hat, ist es wichtig, dass Sie ihm auch zeigen, dass er etwas sehr Wichtiges macht. Das können Sie schon dadurch tun, dass Sie ihn Ihr Interesse an seinem Auftrag erleben lassen. Sie können Interesse zeigen, indem Sie vor Ort gehen und sich vom Mitarbeiter den Auftrag erläutern lassen und zeigen lassen, wo er steht.

Selbstverständlich ist das eine Kontrolle und ich bin sicher, dass sie, wenn Sie es gut machen, motivierend ist.

Tun Sie es frühzeitig, damit der Mitarbeiter von Anfang an weiß, dass Ihnen der Auftrag wichtig ist und dass Sie hinter ihm stehen, dann kann er motiviert beginnen.

Sie können den Mitarbeiter auch zu sich bestellen und sich zum Beispiel in Ihrem Büro über den

Auftrag, seine Ideen, den Stand der Dinge und den bisherigen Fortschritt unterrichten lassen.

Sie können den Mitarbeiter bei einer der regelmäßigen Sitzungen kurz über den Stand der Dinge und die Herausforderungen des Auftrags berichten lassen und ihm mitteilen, wie wichtig der Auftrag für Sie ist und wie interessiert Sie am Fortschritt und am Gelingen sind.

Wie Sie Ihr Interesse bekunden, ist abhängig vom jeweiligen Fall und von den Gepflogenheiten in Ihrem Team. Wichtig ist, dass der Mitarbeiter spürt, dass er etwas Wichtiges macht und dass sein Vorgesetzter darüber Bescheid weiß und sich darüber informiert. Sie verleihen dem Auftrag durch Ihr Interesse einen anderen Stellenwert.

Beispiel 4: Mitarbeiter und deren Stärken kennenlernen

Lassen Sie sich bei einer Kontrolle erläutern, wie der Mitarbeiter vorgeht und welche Überlegungen ihn zu dieser Vorgehensweise bewogen haben. Fragen Sie ihn danach, was ihn bei dieser Aufgabe besonders herausfordert, was ihm besonders viel Spaß macht und was ihm sonst alles wichtig ist. Sie können über Ihre Mitarbeiter nirgends so viel in so kurzer Zeit lernen, wie bei einer solchen Kontrolle – die übrigens gleichzeitig auch dem Ziel dient, Interesse zu zeigen.

Bei neuen Mitarbeitern, die Sie noch nicht gut kennen, lohnt es sich, dies häufiger zu tun, damit Ihr Bild Mosaikstein für Mosaikstein immer vollständiger wird.

Beispiel 5: Selbstvertrauen stärken durch Kontrollen im richtigen Augenblick

Wie können Sie das Selbstvertrauen eines Mitarbeiters stärken, der sich selbst zu wenig zutraut? Eine gute Möglichkeit ist, ihn Erfolg erleben zu lassen und positives Feedback zu geben. Mit anderen Worten: „Erwischen" Sie diesen Mitarbeiter genau dann, wenn er etwas besonders gut gemacht hat. Steuern Sie den Zeitpunkt der Kontrolle auf diesen Erfolgsmoment.

Lassen Sie den Mitarbeiter aus seiner Sicht den augenblicklichen Stand schildern und seine Leistung beurteilen; geben Sie anschließend Ihre Rückmeldung. Sagen Sie dem Mitarbeiter, dass das ein gutes Beispiel dafür sei, dass er viel mehr könne, als er sich normalerweise zutraue und dass Sie froh seien, wenn Sie ihm künftig mehr Verantwortung übertragen dürften. Beglückwünschen Sie ihn zu seinem Erfolg.

Kontrollen überraschend oder angekündigt?

Was ist besser: überraschende Kontrolle oder angekündigte Kontrolle? Es kommt darauf an! Nämlich darauf, was Sie mit Ihrer Kontrolle erreichen wollen. Bei dem Mitarbeiter, der zu wenig Selbstvertrauen hat und den Sie „erwischen" wollen, wenn er gerade etwas gut gemacht hat, können Sie die Kontrolle logischerweise nicht ankündigen. Sie kommen einfach dann, wenn es soweit ist und geben ihm die Rückmeldung.

Anders sieht es aus, wenn Sie zum Beispiel einen Mitarbeiter haben, dessen Arbeitsplatz immer sehr unordentlich aussieht. Womit bewirken Sie voraussichtlich mehr: Wenn Sie unangekündigt vorbeikommen, die Sauerei sehen und dann ein Kritikgespräch führen oder wenn Sie den Mitarbeiter vorbereiten: Am nächsten Freitag komme ich bei Ihnen vorbei um die Ordnung am Arbeitsplatz zu kontrollieren?

Bei einer unangekündigten Kontrolle ist der Mitarbeiter unvorbereitet, das Ergebnis ist ein Kritikgespräch und der Mitarbeiter fühlt sich dabei nicht gut. Der Arbeitsplatz ist immer noch nicht aufgeräumt. Wollten Sie das bewirken? Oder wollten Sie bewirken, dass der Mitarbeiter endlich einmal aufräumt?

Wenn er weiß, dass Sie kommen, um den Arbeitsplatz zu kontrollieren, dann wird er wahrscheinlich vorher aufräumen, denn er will ja nicht schlecht dastehen. Sie sind dann in der komfortablen Lage, dass Sie die Ordnung am Arbeitsplatz loben können: „Sehr gut, so habe ich mir das vorgestellt, ich bin froh, dass Sie so eine Ordnung haben und freue mich, wenn Sie das jetzt immer so handhaben." Statt zu kritisieren können Sie jetzt Anerkennung aussprechen. Was meinen Sie, ist motivierender und bewirkt mehr?

Überlegen Sie also immer genau, was Sie mit einer Kontrolle bewirken wollen und wie Sie das am besten erreichen. Nutzen Sie jede Kontrolle bewusst als Führungsinstrument.

Kontrollen offen oder verdeckt?

Die Frage ob Sie offen oder verdeckt kontrollieren sollten, können Sie sich am besten selbst beantworten. Stellen Sie sich vor, Ihr Chef geht, nachdem Sie am Feierabend nach Hause gegangen sind, an Ihren Arbeitsplatz und kramt dort in den Schubladen herum, um nachzusehen, was Sie alles so gemacht haben. Dann legt er alles wieder so hin, wie es vorher war.

Sie merken es am nächsten Morgen trotzdem. Vielleicht erfahren Sie auch zufällig vom Mitarbeiter des Reinigungsdienstes, den Sie privat kennen, dass ihr Chef sich noch an Ihrem Arbeitsplatz zu schaffen gemacht hat. Wie wirkt sich das auf das Vertrauensverhältnis zwischen Ihnen und Ihrem Chef aus?

Für mich wäre so ein Verhalten ein Vertrauensbruch. Vertrauensbrüche zerstören die Bindung und schwächen die Grundlage für eine gute Zusammenarbeit. Wie soll ich mit einem Chef vertrauensvoll zusammenarbeiten, der mir, wenn ich nicht da bin, hinterherschnüffelt? Will ich mit einem solchen Vorgesetzten überhaupt noch zusammenarbeiten? Vielleicht schaue ich mich ab diesem Zeitpunkt um nach einem anderen beruflichen Umfeld. Vielleicht suche ich noch nicht direkt, aber im Unterbewusstsein spüre ich, dass ich nicht unbedingt für immer hier bleiben will.

Verdeckte Kontrollen zerstören Vertrauen. Es gibt normalerweise keinen vernünftigen Grund für verdeckte Kontrollen. Niemand muss sich schämen, wenn er seine Mitarbeiter kontrolliert, deshalb sollte man es offen tun. Wenn man es richtig macht, kann man damit die Mitarbeiter bewusst und erfolgreich motivieren. Wenn man es verdeckt macht, dann zerstört man damit unweigerlich das bisher aufgebaute Vertrauen.

Zwischenergebnis: Der Zweck beeinflusst den Zeitpunkt

Wenn Sie klar wissen, wozu Sie kontrollieren und was Sie mit der jeweiligen Kontrolle bewirken wollen, dann ergibt sich daraus auch der geeignete Kontrollzeitpunkt. Sicherheit geben und selbst Sicherheit gewinnen geht am besten an den jeweils kritischen Stellen eines Arbeitsablaufs, dort, wo am ehesten Fehler passieren können.

Wenn Sie Interesse an der Aufgabe des Mitarbeiters zeigen möchten, um ihm die Bedeutung seines Tuns zu verdeutlichen, bewirkt es am Anfang mehr, als wenn er schon gefrustet ist.

Für besondere Anerkennung und Lob eignen sich erreichte Zwischenziele oder der Abschluss der Aufgabe. Es steckt so viel Motivationspotenzial in den Kontrollen, dass Sie bestimmt Anlässe und geeignete Zeitpunkte finden. Und da Sie jetzt bewusst und voller Stolz kontrollieren können, tun Sie es stets offen und nie im Geheimen.

Kontrolliere ich alle gleich oder gibt es Unterschiede?

Grundsätzliche Überlegung

Mitarbeiter haben unterschiedliche Bedürfnisse. Ebenso verfügen sie über unterschiedliche Kompetenzen. Manche Mitarbeiter sind noch nicht lange im Team. Viele ihrer Tätigkeiten führen sie zum ersten Mal durch. Andere sind bereits seit vielen Jahren im Team und ausgewiesene Experten auf ihrem Gebiet. Wäre es sinnvoll, diese Mitarbeiter auf die gleiche Art zu führen?

Wahrscheinlich lassen Sie den Mitarbeitern, die schon lang im Unternehmen sind und sich sehr gut auskennen, mehr Freiräume und Entscheidungsspielräume als den ganz neuen Mitarbeitern, die sich noch nicht richtig auskennen. Konsequenterweise werden Sie die Mitarbeiter auch unterschiedlich kontrollieren, ohne dass das gegen den Gleichbehandlungsgrundsatz verstößt, denn Gleichbehandlung bedeutet ja nichts anderes, als Gleiches gleich zu behandeln – und Unterschiedliches unterschiedlich.

Neue Mitarbeiter kontrollieren

Neue Mitarbeiter, die sich noch nicht so sicher in ihrem neuen Umfeld bewegen, sind dankbar für Rückmeldung, denn sie haben ein starkes Bedürfnis nach Sicherheit. Ihre Kontrolle, verbunden mit der Rückmeldung, gibt ihnen die Sicherheit, auf dem richtigen Weg zu sein und gleichzeitig Orientierung, wo die Reise hingehen soll.

Meist ist es besser, neue Mitarbeiter an der kürzeren Leine zu führen. Das bedeutet, Sie geben neuen Mitarbeitern überschaubare Aufgaben, kontrollieren an den kritischen Stellen und geben Hilfestellung, indem Sie rückmelden, was richtig ist, und was noch nicht so ganz Ihren Vorstellungen entspricht. Damit helfen Sie den neuen Mitarbeitern, sich in die neue Aufgabe einzufinden. Sie geben ihnen die Sicherheit, die sie am Anfang benötigen, um „es richtig" zu machen.

Sie selbst profitieren von diesen häufigeren Kontrollen, indem Sie ihren neuen Mitarbeiter schnell kennenlernen und mit ihm gemeinsam die Bilder abgleichen können. Sie und ihr Mitarbeiter vertiefen das gemeinsame Verständnis und bauen durch diese Nähe am Anfang Vertrauen auf.

Je besser Sie ihren Mitarbeiter und dessen Kompetenzen kennen und je mehr Sie die Bilder abgeglichen haben und der Mitarbeiter Ihre Anforderungen kennengelernt hat, desto länger können Sie die Leine lassen. Damit erweitern Sie den Freiraum Ihres Mitarbeiters Stück für Stück, so dass er mit der neu gewonnenen Kompetenz etwas anfangen kann. Je mehr Freiraum Sie ihm geben können, ohne ihn zu überfordern, desto mehr entlasten Sie sich selbst zeitlich.

Die Kontrollfrequenz sinkt, Sie müssen also weniger kontrollieren, je mehr der Mitarbeiter Ihre Ansicht verinnerlicht hat und selbst kontrollieren kann, ob er auf dem richtigen Weg ist. Wenn die Freiräume des Mitarbeiters mit seinem zunehmenden Können größer werden, dann empfindet er das als verdiente Belohnung. Ihr Vertrauen in ihn ist gewachsen, er darf jetzt mehr selbst entscheiden und wird es motiviert tun.

Erfahrene Mitarbeiter kontrollieren

Erfahrenen Mitarbeitern, die ihr Handwerk verstehen, müssen Sie nicht mehr Stück für Stück zeigen, wie „es geht" und die einzelnen Schritte kontrollieren. Das wäre für beide Seiten unangemessen. Dennoch erwarten auch erfahrene Mitarbeiter, dass ihre Vorgesetzten mit ihnen Gespräche führen, bei denen es um den Stand der Aufträge, um Abweichungen, um Budgets und ähnliche Fragen geht – je nach Auftrag.

Bitten Sie Ihren erfahrenen Mitarbeiter regelmäßig in vernünftigen Abständen zum Gespräch. Lassen Sie sich vom Stand der Dinge berichten und vergewissern Sie sich, dass der Mitarbeiter weiß, was er tut. Besprechen Sie alles Notwendige, setzen Sie vernünftige Zwischenziele und unterstützen Sie ihn bei Bedarf. Sorgen Sie für ein offenes Klima, in welchem alles angesprochen werden kann und auch angesprochen wird. Sie kennen Ihren Mitarbeiter. Führen Sie ihn so, dass er Verantwortung übernimmt und dass er Sie rechtzeitig informiert, wenn es Schwierigkeiten gibt. Zeigen Sie ihm, dass er dazugehört und dass er für Sie wichtig ist.

Auch erfahrene Mitarbeiter haben die Bedürfnisse nach Zugehörigkeit, nach Wertschätzung und nach Selbstverwirklichung. Oder, wie der bekannte

Medizinprofessor und Psychotherapeut Joachim Bauer es in seinem Buch „Prinzip Menschlichkeit" zusammenfasst: „Nichts motiviert so sehr wie der Wunsch, von anderen gesehen zu werden, die Aussicht auf soziale Anerkennung, das Erleben positiver Zuwendung…"[16]

Nutzen Sie die Kontrolle – das Kontroll- und Austauschgespräch, um dem Mitarbeiter genau das zu geben:

Sie zeigen ihm damit, dass er von Ihnen gesehen und wahrgenommen wird, Sie erkennen an, dass er gute Arbeit leistet und dass er ein wichtiger Mitstreiter für die gemeinsamen Unternehmensziele ist und dass Sie sich gerne die Zeit nehmen, mit ihm über die Ergebnisse seiner Arbeit, seine Fragen und Wünsche zu diskutieren.

So erlebt er Wertschätzung und Zuwendung. Und er merkt, dass es Ihnen nicht egal ist, was er macht, sondern dass Sie sich darum kümmern und von ihm, als kompetentem Mitarbeiter, auf den Sie sich verlassen, auch klare Auskünfte haben wollen.

Mitarbeiter kontrollieren, die fachlich besser sind als man selbst

Je weiter Sie auf der Karriereleiter nach oben kommen, desto häufiger haben Sie es mit erfahrenen Mitarbeitern zu tun, die sich in ihrem Fachgebiet viel besser auskennen als Sie. Dennoch sind Sie der Vorgesetzte, der Ziele vereinbart, kontrolliert, Rückmeldung gibt und der mit allem, was er tut und nicht tut etwas bewirkt.

Doch wie kontrolliere ich einen Mitarbeiter in seinem Fachgebiet, wenn ich selbst nicht so versiert bin wie er? Soll ich ihn dann überhaupt noch kontrollieren?

Sie müssen es tun und Sie können es auch. Als Vorgesetzter verschiedener Fachspezialisten haben Sie einen größeren Überblick und können einzelne Aspekte besser dem Ganzen zuordnen. In der Regel kennen Sie die Prozesse besser und sind mit strategischen Überlegungen besser vertraut. Zudem verfügen Sie über einen gesunden Menschenverstand, der Ihnen signalisiert, ob etwas vernünftig ist oder nicht.

Dazu kommt in der Regel das Zahlenwerk vom Controlling, Auswertungen, die Ihnen zeigen, wie der aktuelle Stand des Bereiches ist, verglichen mit dem Budget und verglichen mit dem Vorjahr.

All das können Sie nutzen für ein Kontroll- und Coaching-Gespräch, in welchem Sie sich auf Augenhöhe mit Ihrem Fachspezialisten unterhalten, sich informieren und ins Bild setzen lassen, Soll-Ist-Vergleiche machen, Eckpunkte besprechen, Ziele vereinbaren und das weitere Vorgehen besprechen.

Auch in solchen Gesprächen geht es letztlich darum, dass Sie die Sicherheit gewinnen, dass alles auf dem richtigen Weg ist und dass Sie Ihren Mitarbeiter, auch wenn er fachlich versierter ist als Sie selbst, motivieren, indem Sie ihm mit Ihrer Rückmeldung den Rücken stärken, wenn Sie mit seiner Vorgehensweise einverstanden sind, indem Sie ihn korrigieren, wenn er einen Weg eingeschlagen hat, der zum Beispiel nicht der Unternehmensphilosophie entspricht und indem Sie ihm durch das Gespräch auf Augenhöhe zeigen, dass seine Tätigkeit wichtig ist und ihn positive Zuwendung erleben lassen.

Das alles können nur Sie als sein Vorgesetzter - und dabei geht es mehr um Sozial- als um Fachkompetenz.

Zwischenergebnis: Kontrollieren Sie situativ

Sie haben Mitarbeiter mit unterschiedlichen Kompetenzen und unterschiedlichem Engagement. Betriebszugehörigkeit und Berufserfahrung variieren. Deshalb ist es konsequent, dass Sie sowohl bei der Art, wie Sie kontrollieren, als auch bei der Frage, wann und wie oft Sie kontrollieren, unterschiedlich vorgehen.

Die Bedürfnisse der Mitarbeiter sind unterschiedlich. Allerdings sind alle Mitarbeiter dankbar, wenn sie nach einer Kontrolle mehr Sicherheit haben, indem ihre Vorgehensweise bestätigt wurde oder aber indem sie nun klarer wissen, wohin die Reise gehen soll. Alle Mitarbeiter brauchen Ihre Wertschätzung, Ihre Zuwendung und wann immer sie es verdient haben, Ihr angemessenes Lob.

Keine Kontrolle ohne Rückmeldung

Grundsätzliche Überlegung

Angenommen, Ihr Chef kontrolliert Sie, ohne Ihnen mitzuteilen, wie er das Ergebnis seiner Kontrolle beurteilt. Was könnten Sie dann denken?

Würden Sie sich eher sicher fühlen oder wären Sie verunsichert? Würden Sie sich ernst genommen fühlen oder eher nicht? Würde das Vertrauen in Ihren Chef steigen oder eher abnehmen?

Rückmeldung bewirkt Positives

Nach einer Kontrolle können Sie mit wenigen Worten viel Positives bewirken. Sie kontrollieren ja jetzt, um etwas zu bewirken. Wenn das so ist, dann nehmen Sie sich bitte in jedem Fall auch die Zeit für eine angemessene Rückmeldung.

Sie geben damit Sicherheit – indem Sie bestätigen, dass der Mitarbeiter es richtig gemacht hat - oder indem Sie ihm sagen, was er noch ändern soll

Sie zeigen dem Mitarbeiter, dass er zum Team gehört, weil Sie sich für ihn Zeit nehmen und sich mit ihm unterhalten.

Sie zeigen Wertschätzung und stärken die Vertrauensbasis – vorausgesetzt Sie geben Ihre Rückmeldung in einer anständigen und angemessenen Form, wovon ich ausgehe.

Falls der Mitarbeiter etwas besonders gut gemacht hat, können Sie ihn anlässlich der Kontrolle loben. Verdientes Lob ist ein sehr großer Motivator und es gibt nur sehr wenige Menschen, die sich nicht darüber freuen, wenn sie ein Lob, das sie sich durch besonders gute Arbeit verdient haben, von ihrem Chef erhalten.

Fehlende Rückmeldung demotiviert

Fehlende Rückmeldung verunsichert: Ist jetzt alles in Ordnung, weil der Chef nichts gesagt hat oder hat er nichts gesagt, weil das Ergebnis so erbärmlich schlecht ist, dass er nicht einmal mehr mit mir redet?

Allein schon diese Überlegung kostet wertvolle Arbeitszeit. Verunsicherte Mitarbeiter können nicht so schnell und so gut arbeiten wie Mitarbeiter, die wissen woran sie sind, sie haben den Kopf nicht frei dazu.

Wenn jemand verunsichert ist und sich in den schwärzesten Farben ausmalt, dass er bald eine Kündigung erhält, dann ist er nicht zu Spitzenleistungen fähig. Und die Ursache dafür kann banal sein: Der Mitarbeiter sieht, dass sein Chef bei der Kontrolle das Gesicht verzieht, der Chef gibt ihm keine Rückmeldung, was die Kontrolle ergeben hat und schon beginnt bei dem einen oder anderen Mitarbeiter die Schwarzmalerei. Wollen Sie das bewirken? Sie bewirken es möglicherweise ungewollt - und für das Bewirken werden Sie bezahlt.

Verdientes Lob beflügelt

Vielleicht haben Sie es selbst schon erlebt: Sie hatten einen Auftrag übernommen, der viel Engagement verlangte, weil er besonders anspruchsvoll war und weil die Zeit, wie üblich, eher knapp bemessen war. Sie haben es gerne getan, weil Ihnen die Arbeit Freude macht. Mit Energie, guten Ideen, zahlreichen Überstunden haben Sie das Ziel rechtzeitig erreicht, der Auftrag wurde rechtzeitig fertig, die Qualität hat gestimmt. – Jetzt hätten Sie ein Lob verdient. Nicht, dass sie es unbedingt bräuchten, aber verdient wäre es schon.

Stellen Sie sich vor, Ihr Chef kommt und erklärt Ihnen, dass Sie eine wirklich gute Arbeit geleistet haben, dass er stolz ist auf Sie und dass er sich freut, dass er solche Mitarbeiter wie Sie in seinem Unternehmen hat und er dankt Ihnen für Ihr Engagement – wie fühlen Sie sich in einer solchen Situation?

Die meisten Menschen fühlen sich in einer solchen Situation gut. Wer verdientes Lob entgegennehmen darf, spürt Wertschätzung, merkt, dass seine Arbeit gesehen und geschätzt wird und erlebt positive Zuwendung. All das wird im Gehirn zusammen mit dem gesamten Auftrag als positives Erlebnis abgespeichert.

Wenn nun Ihr Chef wieder auf Sie zukommt und Ihnen wieder einen Auftrag geben will, der viel Engagement, Zeit, Aufwand und Arbeit bedeutet – wie reagiert Ihr Unterbewusstsein darauf? Wird es sich eher freuen oder eher ärgern?

Es wird in den allermeisten Fällen ja sagen und sich auf die neue Herausforderung freuen, weil die mögliche und zu erwartende Anerkennung bereits jetzt zu einem Ausstoß von Dopamin, von endogenen Opioiden und von Oxytocin führt und damit zu einem sehr guten Gefühl.

Das verdiente Lob nach dem ersten Auftrag hat das Verhalten, das zum Lob geführt hat, verstärkt. Also ist es logisch, dass Sie gerne wieder Herausforderungen annehmen, weil Sie erstens Freude an der Arbeit haben und weil zweitens Ihre Motivationssysteme darauf anspringen.

Vergessenes Lob trocknet langsam das Engagement aus

Viele Vorgesetzte vertreten noch immer die längst überholte Meinung, dass es bereits genug des Lobes sei, wenn sie nicht meckern oder kritisieren. Deshalb gehen sie mit dem Lob sehr sparsam um und meinen, die Mitarbeiter würden, wenn sie nichts zu meckern hätten, das schon als Lob verbuchen. Doch da irren sie sich gewaltig. Nicht gemeckert ist halt nur nicht gemeckert und noch lange nicht gelobt.

Bleiben wir beim vorigen Beispiel mit dem anspruchsvollen Auftrag. Sie haben ihn, wie oben beschrieben, gut und rechtzeitig erledigt und haben sich dafür sehr stark engagiert. Sie hätten also ein Lob verdient. Käme dieses Lob, dann würde es das gezeigte Verhalten verstärken und stabilisieren. Jetzt kommt es aber nicht. Was geschieht?

Zunächst bleibt die Verstärkung aus, mit der Konsequenz, dass Ihr Unterbewusstsein, wenn der nächste Auftrag kommt, nicht sofort und nachdrücklich ja sagen wird, weil der Ausstoß der Botenstoffe ausbleibt.

Mit großer Wahrscheinlichkeit übernehmen Sie den nächsten Auftrag trotzdem und Sie werden wahrscheinlich wieder alles tun, damit der Auftrag gut und rechtzeitig erledigt wird. Nehmen wir an, Sie erreichen auch beim zweiten Auftrag Ihr Ziel, alles ist perfekt und schon wieder wäre ein Lob verdient. Aber auch dieses Lob wird nicht ausgesprochen. Genau wie beim nächsten Auftrag, den Sie gut erledigen und beim übernächsten…

Irgendwann fragen Sie sich dann, weshalb ausgerechnet Sie sich immer so sehr engagieren. Alle andern machen rechtzeitig Feierabend, nur Sie schuften bis in die Nacht und erhalten nicht einmal die Anerkennung dafür.

Spätestens beim nächsten Auftrag werden Sie eine Ausrede suchen, weil ihre Motivationssysteme erkannt haben, dass keine Chance auf soziale Zuwendung besteht.

Mit anderen Worten: Das auf Dauer nicht ausgesprochene verdiente Lob hat dazu geführt, dass man bei Ihnen das Engagement für die Arbeit letztlich gelöscht hat. Was hat Ihr Chef also mit seinem Verhalten bewirkt? Hilft dieses Verhalten Ihrem Chef? Hilft es Ihnen? Wer verdientes Lob nicht gibt, bewirkt damit eine typische lose-lose-Situation, eine Situation in der beide Seiten verlieren.

Zwischenergebnis: Rückmeldung: win-win oder lose-lose?

Eine angemessene Rückmeldung nach einer Kontrolle ermöglicht Motivation auf der gesamten Bedürfnispalette. Keine Rückmeldung nach einer Kontrolle verunsichert und frustriert.

Wenn Sie immer nur negative Rückmeldung geben, schaden Sie Ihrem Image. Wer hat schon das Bedürfnis, den Vorgesetzten zu sehen, wenn der entweder nichts sagt oder immer nur meckert? Denken Sie auch daran, dass verdientes Lob entweder beflügelt, nämlich dann, wenn es ausgesprochen wird, oder lähmt, nämlich dann, wenn man es unter den Tisch fallen lässt. Sie haben es in der Hand, was Sie bewirken.

Erreiche ich diese Motivation auch ohne Kontrolle?

Grundsätzliche Überlegung

Kann man trotz Kontrolle motivieren? Das war bisher die Frage, denn der Titel Kontrolle als Motivationsinstrument klang anfangs ziemlich paradox.

Stellen wir die Frage einmal anders: Ist es möglich, all diese Motivationsaspekte glaubhaft einzusetzen, ohne dass man kontrolliert?

Sicherheit geben und Bilder abgleichen

Stellen Sie sich vor, Ihr Chef bestätigt Ihnen, dass Sie bei der Arbeit alles richtig gemacht haben und Sie wissen genau, dass er sich die Arbeit gar nicht angeschaut hat. Glauben Sie seinen Worten? Wächst Ihr Vertrauen zu diesem Vorgesetzten? Fühlen Sie sich ernst genommen?

Wenn Sie eine glaubhafte Aussage zur Qualität einer Arbeit machen wollen, dann müssen Sie diese Arbeit anschauen, Sie müssen also kontrollieren, ob das Ergebnis dem entspricht, was vereinbart war.

Die Rückmeldung nach der Kontrolle gibt dem Mitarbeiter die Sicherheit, die er benötigt. Sie trägt zu einem Abgleich der inneren Bilder bei, das bedeutet, Sie und Ihr Mitarbeiter haben nach der Kontrolle und der Rückmeldung ein ähnlicheres Bild im Kopf als vorher, im Idealfall sogar das gleiche.

Zugehörigkeit vermitteln und Zuwendung geben

Natürlich können Sie sich mit Ihren Mitarbeitern über dies und jenes unterhalten, Sie können mit ihnen Kaffee trinken und Kekse essen, im Sommer grillen oder gemeinsame Kegelabende organisieren – all das vermittelt den Mitarbeitern Zugehörigkeit. Wenn Sie das alles tun und sich dennoch nie für die Arbeit und die Ergebnisse der Mitarbeiter interessieren, dann fehlt etwas Wichtiges.

Die Zugehörigkeit zum Team basiert auf der Zweckgemeinschaft Arbeit: Sie und Ihre Mitarbeiter gehören zusammen, um ein gemeinsames Ziel, nämlich das für Ihr Team definierte Ziel, zu erreichen. Zugehörigkeit und Zuwendung haben also auch etwas mit der Aufgabe zu tun und wenn Sie das bekunden, dann werden Sie sich wohl oder übel dafür interessieren müssen, was Ihre Mitarbeiter tun und wie sie es tun.

Sie erfahren es, indem Sie die Arbeit kontrollieren und sich mit Ihren Mitarbeitern darüber unterhalten. Also ist die Kontrolle auch dafür eine wichtige Voraussetzung. Ohne Kontrolle fehlt den Mitarbeitern und Ihnen auch in dieser Hinsicht Wesentliches.

Anerkennung und Wertschätzung

Ein Lob trifft dann auf fruchtbaren Boden und wird vom Empfänger ernst genommen, wenn der Lobende die Leistung beurteilen kann und es auch ehrlich meint. Deshalb können Sie Ihren Mitarbeiter nur dann wirksam für eine gute Leistung loben, wenn

Sie diese Leistung auch in Augenschein genommen haben.

Mit anderen Worten: Ohne Kontrolle ist ein richtiges Lob nur schwer möglich. Wenn Anerkennung und Lob wichtig sind, dann ist es die Kontrolle als deren Voraussetzung erst recht.

Freiraum zur Selbstverwirklichung

Freiraum ermöglicht es, eigene Ideen umsetzen zu können und sich damit selbst zu verwirklichen. Immer dann, wenn ich einen eigenen Gedanken in die Tat umsetze, wenn ich etwas auf meine eigene Art tun kann, dann bin ich sehr motiviert. Ein Grund dafür könnte mein Bedürfnis nach Selbstverwirklichung sein.

Für viele ist das mit ein Grund, Karriere zu machen: Je höher ich in der betrieblichen Hierarchie aufsteige, desto mehr Gestaltungsmöglichkeiten habe ich und desto mehr Möglichkeiten, mich selbst zu verwirklichen. „Fördern durch Fordern" setzt an diesem Punkt an.

Wird das Fordern allerdings zu einem Überfordern, dann ist der Mitarbeiter verunsichert, weil von ihm zu viel verlangt wird. Die richtige Balance zu finden setzt voraus, dass man seine Mitarbeiter kennt und ihre Potenziale und Kompetenzen einschätzen kann.

Richtiges Kennen setzt wiederum voraus, dass man sich von Ihrer Arbeit ein Bild gemacht hat; von den Ergebnissen ebenso wie von der Art und Weise, wie die Mitarbeiter arbeiten, was sie besonders gut können und was weniger gut. Grundlage für gezieltes Fördern durch Fordern sind also ebenfalls die Kontrollen. Damit verschaffe ich mir das Bild, mit dem ich dann auch ausloten kann, wie viel Freiraum ein Mitarbeiter verträgt, ohne dass er überfordert ist.

Zwischenergebnis:
Ohne Kontrolle wird es schwierig

Die Sicherheit zu haben, dass alles richtig läuft, ist ohne Kontrolle ebenso schwierig, wie die Sicherheit zu geben, dass ein Mitarbeiter auf dem richtigen Weg ist. Zuwendung und das Zeigen von Zugehörigkeit am Arbeitsplatz hat auch etwas mit Interesse an der Tätigkeit des Mitarbeiters zu tun. Auch das lässt sich nur schwer bewerkstelligen, ohne dass man sich über die Arbeit unterhält und kontrolliert.

Verdientes Lob zu geben ist ohne Kontrolle und Beurteilen der Arbeit nicht auf eine glaubwürdige Art möglich. Ohne Kontrolle habe ich auch nicht den Überblick, wer was wie gut kann, wen ich wie durch Fordern fördere, ohne ihn zu überfordern und damit zu verunsichern. Soziale An-Erkennung hat etwas zu tun mit Erkennen. Und Erkennen wiederum mit dem Sich Anschauen – letztlich also mit dem Kontrollieren.

7 Kardinalfehler, die Sie auf jeden Fall vermeiden sollten

Alles selbst „verbessern"

Es gibt Vorgesetzte, die jeder Arbeit ihren eigenen Stempel aufdrücken. Bevor sie es nicht selbst korrigiert und „in die richtige Form" gebracht haben, ist es nicht fertig. Und egal, wie gut jemand seine Arbeit gemacht hat, der Chef kann sie nicht einfach stehen lassen und akzeptieren - er muss jeder Arbeit seinen Stempel aufdrücken.

Ergebnis: Die Mitarbeiter identifizieren sich nicht mehr mit ihrer Arbeit, weil sie ja ohnehin vom Chef so zurechtgebogen wird, wie er es haben will. – „Also, soll er doch..." Als Vorgesetzter bewirken Sie mit der „Ich-drück-meinen-Stempel-drauf"-Mentalität nur eines: Rückdelegation. Im Prinzip entbinden Sie Ihre Mitarbeiter von der Verantwortung für ihre Arbeit, denn Sie schauen es sich ja ohnehin noch an und erledigen den Feinschliff. Der wird mit der Zeit immer größer.

Möchten Sie das wirklich bewirken? Gute Chefs haben gute Mitarbeiter, die ihre Arbeit ernst nehmen und gut erledigen. Da muss niemand mehr „zurechtbiegen".

Paranoides Hinterherschnüffeln

Kennen Sie das Gefühl, wenn Ihnen jemand bei der Arbeit über die Schulter schaut und Sie den Atem spüren?

Es gibt wenige Menschen, die durch ein solches Verhalten nicht verunsichert werden. Dann kommen meist noch irgendwelche vermeintlich hilfreichen Tipps wie: „Hätte man da nicht noch das und das machen können?" Landläufig bezeichnet man dieses paranoide Hinterherschnüffeln als Kontrollieren. Mit der Führungstätigkeit „Kontrolle" hat das nichts zu tun. Es ist einfach nur demotivierend. Deshalb bewirken Sie mehr, wenn Sie das nicht machen.

Kontrolle zum Dampf ablassen

Gerade haben Sie einen Rüffel erhalten, weil das Projekt Y nicht auf Kurs ist, Sie sind frustriert und verärgert und haben das Bedürfnis, sich Luft zu verschaffen. Jetzt könnten Sie auf die Idee kommen, entsprechend der Hackordnung erst einmal einen Mitarbeiter zu „kontrollieren" – vielleicht so, wie es der Feldwebel bei der Bundeswehr gemacht hat, als er mit den weißen Handschuhen so lang über die Innenfalz der Tür gestrichen hat, bis die Handschuhe einen Hauch von Staub aufwiesen. Damit war der Ausgang am Wochenende gestrichen…

Die Frage ist, ob Sie an einer vertrauensvollen Zusammenarbeit mit Ihrem Mitarbeiter interessiert sind oder ob es Ihnen wichtiger ist, ihre vermeintliche Macht auszuspielen, um Frust abzubauen.

Schon mancher ist bei passender Gelegenheit vom hohen Ross gefallen...

Ach wie gut, dass niemand weiß...

Vertrauen ist das Kapital der Führungskraft. Vertrauen muss erarbeitet und verdient werden. Das braucht Zeit. Die Mitarbeiter müssen Sie als zuverlässigen Chef kennenlernen, der tut was er sagt, und sagt, was er tut und der fair und offen ist. Wenn Ihre Mitarbeiter Sie so einschätzen, dann haben Sie als Führungskraft viel erreicht und sind akzeptiert in Ihrer Rolle.

Dieses Führungskapital können Sie leicht verspielen, zum Beispiel indem Sie in Abwesenheit eines Mitarbeiters seine Sachen durchsuchen und durchstöbern. Heimliches Hinterherschnüffeln zerstört Vertrauen und vernichtet das wichtigste Kapital einer Führungskraft.

Im Regen stehen lassen

Wenn mich jemand kontrolliert, dann führt diese Kontrolle zu einem Ergebnis und ich wäre sehr froh, wenn ich, als der Mensch, der kontrolliert wurde, dieses Ergebnis erfahren würde. War meine Arbeit in Ordnung? - Dann bin ich froh, wenn ich das höre, denn dann kann ich so weitermachen.

War etwas nicht in Ordnung? Ich ändere es gerne, wenn man mir nur mitteilt, was denn genau nicht in Ordnung war und wie es künftig besser sein sollte. War etwas besser als erwartet? Dann freue ich mich natürlich sehr, wenn ich dafür ein Lob erhalte, denn dann hätte ich es ja verdient.

So, wie es mir geht, so geht es den meisten Arbeitnehmern. Wer kontrolliert wird, der hat ein Recht darauf, dass er das Ergebnis erfährt. Das gibt Sicherheit. Es ist auch ein Zeichen der Wertschätzung und des Respektes, dass die Person, welche kontrolliert hat, ihr Ergebnis mitteilt. Eventuelle Missverständnisse können so geklärt werden, der Schwung eines verdienten Lobes beflügelt die weitere Arbeit.

Keine Rückmeldung dagegen verunsichert und gibt Anlass zur Spekulation. Selbstbewusste Mitarbeiter denken sich vielleicht, dass alles in Ordnung ist, wenn Sie nichts sagen. Weniger selbstbewusste dagegen fangen vielleicht an, an sich und der Welt zu zweifeln, weil jetzt der Chef nicht einmal mehr mit ihnen redet.

Wenn Sie die Mitarbeiter nach einer Kontrolle im Regen stehen lassen und Ihr Kontrollergebnis nicht kommentieren, bewirken Sie Unsicherheit, Verunsicherung und vielleicht sogar innere Kündigungen. Seien Sie sich dessen bewusst.

Nur die „Schlechten" kontrollieren

Wenn Sie sich als Chef die Aufgabe leicht machen und Zeit sparen wollen, indem Sie nur die Schlechten kontrollieren, dann bewirken Sie damit viel – allerdings wenig Gutes:

Stellen Sie sich einmal vor, es spricht sich herum, dass Sie nur die Schlechten kontrollieren – wäre das nicht schon eine Art Mobbing, weil jeder, den Sie kontrollierten damit stigmatisiert und als schlecht abgestempelt würde?

Wie kämen die Nicht-Schlechten zu einer fundierten Rückmeldung über ihre Leistungen, wenn Sie sie nicht kontrollierten? Das ganze Motivationspotenzial, welches in der Kontrolle steckt und mit ihr verbunden ist, könnten Sie bei den Guten nicht aktivieren. Und woher wollten Sie wissen, ob die Guten immer noch gut wären und es auch gerne blieben, wenn Sie nur die Schlechten kontrollierten.

Zeit sparen, indem man nur ausgewählte Mitarbeiter kontrolliert, ist ein Ansatz, der sich nicht lohnt. Sie bewirken damit vieles, aber nichts, was Sie wirklich weiterbringt.

Der Chef bin ich!

Kontrollen zu nutzen, um Macht zu demonstrieren ist eine todsichere Möglichkeit, die Mitarbeiter zu demotivieren, Vertrauen zu verspielen und die Fluktuationsrate im eigenen Verantwortungsbereich anzukurbeln. „So Meier, nun zeigen Sie mir doch mal was Sie da gearbeitet haben, so viel kann es ja nicht gewesen sein…"

Sämtliche Bedürfnisse nach Wertschätzung, Zugehörigkeit, Sicherheit und Selbstverwirklichung werden mit solchen Machtdemonstrationen mit Füßen getreten. Dem Mitarbeiter bleibt ein schaler Geschmack und die Gewissheit, dass er sich noch so anstrengen kann, was wirklich zählt, ist die Hierarchie. Dass solches Verhalten irgendeinen Mitarbeiter zu Höchstleistungen beflügelt, darf man getrost bezweifeln. Und dass die Mitarbeiter hinter vorgehaltener Hand wirklich so ehrfürchtig über ihren Chef reden, wenn der sich so feiern lässt, das kann man sich nicht vorstellen.

Anstelle des Respektes, der immer auf beiden Seiten vorhanden ist oder gar nicht, tritt meist die Angst vor dem Chef, der unberechenbar und unantastbar ist.

Zusammenfassung:

Kontrolle als Motivationsinstrument – am Anfang stand die Frage, ob das überhaupt möglich ist. Inzwischen dürfte es allen, die bis hierher gelesen haben, klar sein, dass Kontrolle diejenige Führungsaufgabe ist, die am meisten Ansatzpunkte zur Motivation liefert und dass man als gute Führungskraft deswegen erhobenen Hauptes kontrollieren sollte und mit der Rückmeldung zahlreiche Bedürfnisse bedienen kann, die uns Menschen antreiben und motivieren.

Unbestritten ist Kontrolle eine wichtige Führungstätigkeit. Als Führungskraft werde ich dafür bezahlt, dass ich das bewirke, was ich bewirken soll, nämlich mit meinem Team die vereinbarten Ziele zu erreichen.

Der Weg zum Ziel führt vom Ist zum Soll und wenn ich vernünftig steuern will, brauche ich dafür den jeweiligen Standort. Den erhalte ich durch Kontrolle. Ohne Kontrolle kann ich also mein Ziel nicht bewusst erreichen.

Schlechte Erfahrungen, die man mit Kontrolle gemacht hat, ein falsches Bild, was Kontrolle denn ist, Angst, dass man nicht mehr gemocht wird, wenn man kontrolliert, ja dass man sogar aus seinem bisherigen Team ausgeschlossen wird, sind Hinderungsgründe und sie halten manche Führungskraft davon ab, aus vollem Herzen zu kontrollieren. Vor allem, weil bei vielen der Satz mitschwingt, dass Vertrauen gut, Kontrolle aber besser sei. Kontrolle ist aber nicht das Gegenteil von Vertrauen und keine vernünftige Führungskraft kontrolliert, weil sie misstraut, sondern weil es ihre Aufgabe ist, für die sie auch bezahlt wird.

Wenn Kontrolle ein Motivationsinstrument sein soll, dann lohnt sich die Frage, was einen selbst bei der Arbeit motiviert und wie der eigene Vorgesetzte dazu beitragen kann. Eigene Erfahrungen mit Motivation und Demotivation sind in der Praxis des Arbeitsalltags häufig ein guter Ratgeber für angemessenes Verhalten. Bei vielen meiner Kursteilnehmer kristallisieren sich in den Antworten ähnliche Kategorien von Bedürfnissen heraus, wie sie schon Abraham Maslow erkannt hatte:

Mitarbeiter wollen die Sicherheit, dass das, was sie tun, richtig ist, sie wollen dazugehören und am liebsten in einem guten Team arbeiten, sie wollen einbezogen werden, mit Respekt behandelt, ernst genommen werden und sie wollen als Mensch und Mitarbeiter geschätzt und geachtet sein.

Für die Motivation in der Praxis und insbesondere für den Einsatz der Kontrolle als Motivationsinstrument kommt es dabei nicht auf die Hierarchie der Bedürfnisse an, die Maslow herausgearbeitet hatte.

Die Erkenntnisse der Neurobiologie bestätigen vieles von dem, was Maslow schon erkannte. So erklärt der renommierte Medizinprofessor und Psychotherapeut Joachim Bauer in seinem Buch „Prinzip Menschlichkeit", dass zwischenmenschliche Anerkennung, Wertschätzung, Zuwendung und Zuneigung zu finden und zu geben der Kern aller Motivation sei. Und er führt aus, dass die Motivationssysteme nur dann anspringen, wenn die Aussicht auf soziale Anerkennung besteht, wenn positive Zuwendung erlebt werden kann und wenn das eigene Tun von anderen wahrgenommen werden kann. [17]

Damit haben wir die Kernpunkte herausgearbeitet, die bei motivierenden Kontrollen zu berücksichtigen sind: Motivierende Kontrollen geben Sicherheit, lassen Interesse an der Arbeit des Mitarbeiters erleben, bauen Vertrauen auf – auch Selbstvertrauen, stärken die Bindung und ermöglichen eine gezielte Erweiterung des Freiraums, was zu mehr Selbstverwirklichung beitragen kann. Der richtige Zeitpunkt für eine Kontrolle will wohl überlegt sein und hängt davon ab, was man als Führungskraft mit der jeweiligen Kontrolle bewirken will.

Motivierende Kontrollen sind individuell und berücksichtigen die Bedürfnisse der jeweiligen Personen. Erfahrene Mitarbeiter haben dabei andere Bedürfnisse als unerfahrene, bei motivierten Mitarbeitern stehen andere Dinge im Vordergrund als bei Mitarbeitern mit Motivationsproblemen. Man muss und kann auch Mitarbeiter kontrollieren, die als Spezialisten in ihrem Fachgebiet versierter sind als man selbst als Vorgesetzter.

Rückmeldung nach jeder Kontrolle ist erforderlich. Rückmeldung bewirkt Positives, fehlende Rückmeldung demotiviert. Besonders demotivierend ist es, wenn verdientes Lob nach einer Kontrolle ausbleibt. Passiert dies häufiger, dann zerstört es langsam aber sicher das Engagement des Mitarbeiters. Verdientes Lob, das ausgesprochen wird, beflügelt dagegen.

Vieles, was im Führungsalltag motivierend wirkt, ist ohne Kontrolle gar nicht oder nur auf Umwegen möglich. Deshalb ist Kontrolle mit Fug und Recht ein Motivationsinstrument. Zumindest für jene, die es erkannt haben und das Potenzial der Kontrolle gezielt nutzen, um damit Positives zu bewirken – für ihre Mitarbeiter und damit für das Team auf dem Weg zum Erreichen der gemeinsamen Ziele.

Quellen und Literaturhinweise:

1. Bauer, J. Prinzip Menschlichkeit Warum von Natur aus kooperieren 5. Auflage 2011 S. 7
2. Bauer S. 36
3. Bauer S. 37
4. Bauer S. 30
5. Bauer S. 31
6. Bauer S. 46
7. vgl. Bauer S. 52, 53
8. vgl. Bauer S. 46
9. vgl. Bauer S. 35
10. vgl. Bauer S. 38
11. Bauer S. 39
12. Bauer S. 40
13. Bauer S. 38
14. vgl. Bauer S. 37
15. vgl. DGE-Praxiswissen HACCP Gesundheitliche Gefahren durch Lebensmittel identifizieren, bewerten und beherrschen; DGE Bonn 2014
16. vgl. Bauer S. 37
17. vgl. Bauer S. 36, 37

Gaugler, E und Weber, W: Handwörterbuch des Personalwesens, 2. Aufl. 1992

Gaugler, E; Oechsler, W.A. und Weber W: Handwörterbuch des Personalwesens, 3. Aufl. 2004

Maslow. A: Motivation und Persönlichkeit; übersetzt von Kruntorad P. 1981

Nachwort

Wenn Sie das Buch bis hier durchgearbeitet haben, dann hat sich Ihre persönliche Einstellung zum Thema Kontrolle mit großer Wahrscheinlichkeit verändert. Aus dem ursprünglichen Unbehagen, der Unsicherheit und vielleicht sogar der Angst, etwas falsch zu machen, wenn man als Führungskraft kontrolliert, ist vielleicht ein positives Gefühl geworden:

Ja, Kontrolle ist wichtig und ich bin mir jetzt sicher, dass ich mit richtigen Kontrollen viel zur Motivation meiner Mitarbeiter beitragen kann.

Ja, Kontrollen sind ein unverzichtbares Führungsinstrument und ich sollte sie viel gezielter als bisher in meinen Führungsalltag einbauen.

Schön, wenn es so ist und ich Sie dafür gewinnen konnte. Dann kommt für Sie der nächste Schritt. Eventuell ist das Wort Kontrolle auch in den Köpfen Ihrer Mitarbeiter noch mit einem negativen Vorzeichen abgespeichert. Dann ist es wichtig, dass Sie Ihre Mitarbeiter mit ins Boot holen. Auch sie sollten sich über die Bedeutung der Kontrollen und ihre motivierende Wirkung, wenn sie denn richtig durchgeführt werden, im Klaren sein.

Investieren Sie die Zeit für eine Reflexion über den Sinn der Kontrollen in Ihrem Verantwortungsbereich. Ein Workshop zum Thema könnte Ihnen den Weg in eine noch erfolgreichere und noch motivierendere Führungstätigkeit ebnen. Dazu wünsche ich Ihnen viel Erfolg.